AF210938

Das Brevier der allerletzten Wahrheiten

Enthüllungen und Richtigstellungen
von Mozarts Tod bis
zur Erfindung des Happy Ends

Gerd Scherm

Portrait Gerd Scherm
von Bernhard Huber, München
Herstellung und Verlag:
Books on Demand GmbH, Norderstedt
ISBN 3-8334-3366-3

Inhalt

Mozarts Tod

Mozarts Tod war ein Schwindel.
Die Gerüchte wollen zwar nicht verstummen, dass ihn Salieri oder die Freimaurer umgebracht haben, aber das entbehrt jeder Grundlage, weil Mozart seinen Tod nur vorgetäuscht hat. Die Sache mit dem Armengrab war ein Trick, um allen Nachforschungen zu entgehen.

In Wirklichkeit floh Mozart im Dezember 1791 vor seinen Gläubigern nach Paris, um in den Wirren der Französischen Revolution unterzutauchen. Dort merkte er, dass ihm Robespierre nach und nach alle seine Auftraggeber wegköpfte. Sofort begann Mozart unter dem albernen Decknamen Scarlet Pimpernell französische Adelige nach England zu schmuggeln. Leider waren diese aber derart verarmt, dass sie kein Interesse und kein Geld mehr für Kompositionen besaßen, weshalb Mozart an der Londoner Börse eine Lotterie betrieb. Von den

Gewinnen leistete er sich einen Urlaub in Schottland, wo er berauscht von Whisky und der Schönheit der Insel Staffa aus seinem Kahn fiel und ertrank. Dieselbe Insel inspirierte Jahre später Felix Mendelssohn Bartholdy zu seiner „Hebridean Overture".

Von den vielen im Umlauf befindlichen Mozart-Schädeln sind nur zwei mit Sicherheit echt. Der eine steht auf dem Kaminsims eines gälischen Fischers in Tobermory auf der Insel Mull, der andere befindet sich im privaten Mozart-museum eines kleinen Mädchens aus Stadtamhof in Regensburg.

Das Genie an und für sich

Es ist die landläufige Meinung, dass Genies heutzutage vor allem in Irrenanstalten leben. Unabhängig davon, dass Irrenanstalten im Zuge der political correctness bis auf Weiteres in „Psychiatrische Kliniken" umetikettiert wurden, ist dies unzutreffend.

Zutreffend dagegen ist, dass man heute Genies überwiegend in Theaterkantinen, Taxizentralen und Tanzclubs findet, wo sie als freiberufliche Walzertrainer arbeiten.

Während in römischer Zeit ein Genius ein Schutzgeist war, sind neuzeitliche Genies selbst extrem schutzbedürftig.
Das Genie gibt es in männlicher und weiblicher Ausführung und es braucht gemeinhin sehr wenig Auslauf.
Für seine Arbeiten gilt in Deutschland der ermäßigte Mehrwertsteuersatz von sieben Prozent.

„Ich wurde von UFOs entführt"- Berichte

Seit den 1940er Jahren mehren sich Berichte, dass Menschen von sogenannten „Fliegenden Untertassen" entführt wurden. Die meisten erfuhren dabei eine sexuelle Stimulation und eine gesteigerte Beachtung ihrer Person.

Davon abgesehen, dass Untertassen aus feinkeramischem Material bestehen und somit mittelbar zur menschlichen Rasse zählen, die ja ebenfalls nach gängiger Behauptung aus Ton geschaffen wurde, ist das mit den UFOs natürlich völliger Unsinn.

Diese Gerüchte werden von extrem sodomistischen Flugenten nur in Umlauf gebracht, um von ihren eigenen sexuellen Übergriffen auf Menschen abzulenken.

Volkswirtschaftlich gesehen entsteht dadurch jedoch kein Schaden.

Das Geheimnis der Freimaurer

Das Geheimnis umgibt sie wie ein Nebelschleier und Generationen raunen von ihren mysteriösen Ritualen. Alles, aber auch wirklich alles, was man über sie zu wissen glaubt ist wahr, aber ganz anders. Selbst die höchsten Hochgradfreimaurer blicken immer wieder irritiert in den Spiegel der Selbsterkenntnis und fragen sich: „Wer ist das eigentlich, der mich da rasiert?"

Man sagt, als Freimaurer wird einem in finanzieller Not zweimal von der Loge geholfen, beim dritten Mal muss man sich erschießen. Das ist falsch. Wahr ist, dass einem keinmal geholfen wird und man sich dreimal erschießen muss. In jedem Freimaurertempel ist deshalb ein Sarg, in dem die Brüder Probe liegen, damit sie sich schon an das Gefühl gewöhnen können.
Die Totenschädel, von der jede Logenhausputzfrau zu berichten weiß, stammen immer von Brüdern, niemals von

Fremden, weil man die gar nicht einlassen würde, nicht einmal als Skelett.

Auch das mit dem Jungfrauenopfer ist nicht ganz korrekt, weil ja Frauen keinen Zutritt zur Loge haben. Stattdessen opfern sich die Freimaurer selbst, indem sie sich beim Brudermahl extrem cholesterinhaltige Speisen und massenweise Alkoholika zuführen.

Bleibt nur noch die Frage nach der Weltherrschaft.

Natürlich beherrschen die Freimaurer die Welt, zusammen mit den anonymen Kugelstoßern, den illuminierten Streichholzverkäufern und einem Eremiten auf der Frankenhöhe, dessen Name mir partout nicht einfallen will.

Die Erfindung der Provinz

Früher gab es nur Metropolen auf der Welt, allerhöchstens noch Nekropolen. Alle Menschen lebten in Städten, die ein überschaubares Umland zur Versorgung besaßen. Das Hinterland jedoch war den wilden Tieren und religiösen Einsiedlern vorbehalten. Jeder halbwegs ehrliche Archäologe wird bestätigen, dass er und seine Kollegen grundsätzlich nur in Troja, Alexandria, Babylon und ähnlichen urbanen Steinhaufen graben.

Doch wie kam es zur Erfindung der Provinz, der wir Provinztheater, Provinzpolitiker und Provinzpossen verdanken?

Das geschah so:
Einen französischen König, höchstwahrscheinlich Ludwig den Gierigen, befriedigte es eines Tages nicht mehr, nur über Paris zu herrschen. Wie viele Menschen in der Midlifecrisis sagte er sich: „Da

muss es doch noch mehr geben."
Dann setzte er sich mit seinem Kardinal und einigen Musketieren zusammen und sie kamen auf die Idee, das wilde Land „Provinz" zu nennen, was nichts anderes heißt als „Herrschaftsbereich". Der König aber wollte einen poetischeren Namen für seine neue Domäne und nannte sie „France", weil sie ihm viele „Franc" bringen sollte, wie die Währung in seinem Land fortan hieß.
Als Bezeichnung für Leute, die immer Schwierigkeiten mit Fremdwörtern haben, nannten sie in ihrer Einfallslosigkeit das Land hinter dem Umland auch schlicht „Hinterland", weil es hinter dem anderen Land lag.

Als erstes wurde beschlossen, die wilden Tiere und die frommen Eremiten einzufangen. Die einen kamen in die königliche Küche, die anderen in ein Kloster.
Im nun freien Hinterland bauten König und Hofstaat eilends diverse Schlösser, dazu Gutshöfe und Dörfer zu deren

Versorgung. Sie besiedelten die Provinz mit Leuten, die mit der Pariser Mode nicht Schritt halten wollten, dazu mit unliebsamen Kritikern und völlig unbegabten Schriftstellern. Diese entwickelten gemeinsam nach und nach die Trachtenmode, den Provinzmief, die Schlachtschüssel, die Volksmusik und das Bauerntheater.

Natürlich sprach sich die Erfindung der Provinz schnell bei allen Herrschern der Welt herum und andere Monarchen kopierten schamlos das Erfolgsmodell. So entstanden binnen kurzem die Mongolei, Transsylvanien und Bayern.

Auch wenn es heute kaum noch Könige gibt, existiert das Hinterland immer noch, wenn auch kaum bemerkt. Volkswirtschaftlich gesehen fungiert es meist als Naherholungsgebiet, politisch dient es vornehmlich der Stimmviehhaltung.

Die Dinosaurier-Mär

Die Dinosaurier sind eine reine Erfindung. Allerdings nicht, wie die Medien glauben machen wollen, von Steven Spielberg. Der hat mit ihrem animierten Auftreten im Film nur seine Enkel erschrecken wollen.

Die wirklichen Erfinder der Dinosaurier sind drei völlig unbekannte mesopotamische Gottheiten, die ob ihres Verschwindens aus dem Bewusstsein der Menschen einen tiefen Hass gegenüber Paläontologen entwickelten. Deshalb verstecken sie seit Jahren überall auf der Welt in der Erde und in Gesteinsschichten gefälschte Saurierskelette und Saurierknochen, die sie eigenhändig in einer mittelgroßen Werkstatt nördlich von Bagdad herstellen.

Sie lachen sich jedes Mal halbtot, wenn neue Ausgrabungen gemacht und wissenschaftlich interpretiert werden. Das dabei hörbare Gelächter bezeichnet man

fälschlicher Weise als „homerisches Gelächter".

Die einzig echten Saurier moderieren
Unterhaltungssendungen bei öffentlich-
rechtlichen Fernsehsendern und nehmen an Benefizveranstaltungen teil.

Wie Frankensteins Monster entstand

Ursprünglich war „Frankenstein" lediglich eine schmerzhafte, regional bedingte Harnwegserkrankung.

Der junge Medizinalrat Victor von Frankenstein störte sich anfangs überhaupt nicht an der Namensgleichheit mit einem urologischen Leiden. Das änderte sich jedoch schlagartig am 16. Juni 1816, als er sich in die attraktive, reizende Claire Clairmont verliebte. Denn als er ihr vorgestellt wurde und sie seinen Namen hörte, bedeckte sie ihr errötendes Gesicht mit dem Fächer und wandte sich ab.

In seiner Verzweiflung überlegte er Tag und Nacht, wie er diesen Makel seines Namens tilgen könnte. Und dann kam ihm die rettende Idee: Er musste etwas Großes, etwas Gewaltiges erschaffen, das die Verbindung seines Namens mit der Harnwegserkrankung völlig löschen würde.

Er erinnerte sich an seine Zeit an der

Universität von Ingolstadt, wo er mit seinem Professor Erasmus Darwin Experimente mit Elektrizität an Leichen und Leichenteilen durchgeführt hatte. Dann stand sein Entschluss fest: Er, Victor von Frankenstein, würde mit Hilfe der Elektrizität eine völlig neuartige Burgbeleuchtung erschaffen!

Monatelang schlich er sich des Nachts auf Friedhöfe und grub Leichen aus, die er nach Hause schleppte. Im Keller seiner Burg zerteilte er die Kadaver, um aus ihnen Armleuchter zu gewinnen, die er in allen Räumen befestigen und mittels Kabeln aktivieren wollte. Leider schlug in einer Vollmondnacht ein Blitz in den höchsten Turm ein und die Energie raste durch alle Kabel bis in den Keller. In einer gewaltigen Entladung verschmolzen diverse Leichenteile. Minuten später hörte Victor von Frankenstein unsichere Schritte auf der Treppe, dann öffnete sich die Tür zu seiner Bibliothek. Aus dem Dunkel löste sich ein Schatten: Eine bizarre Gestalt, die jedoch nach wenigen Augenblicken wieder in ihre Einzelteile zerfiel.

Der von Claire Clairmonts berühmter Stiefschwester Mary Shelley verfasste Roman „Frankenstein oder der Neue Prometheus" hat mit den wirklichen Ereignissen des Jahres 1816 überhaupt nichts zu tun.

Literatur und Wahnsinn

Es ist eine allgemein bekannte Tatsache, dass die übermäßige Lektüre von Literatur zu Wahnsinn führt. Verbraucherschützer kämpfen daher seit längerem vehement für entsprechende Warnhinweise auf Buchumschlägen.

Die psychiatrischen Krankenhäuser sind voll mit Menschen, die sich nach dem Lesen von Biografien für Napoleon, Julius Cäsar oder Dieter Bohlen halten.

Besonders schnell wirksam sind russische Romane. Sie stürzen ihre Leser mit solchen Sätzen, wie den folgenden in Agonie:

„Igor Fedorowitsch Batmanikow stand mit dem alten Ivan Wassilijew Moderenkow plaudernd am Zaun des Hauses von Vitali Samainowitsch Dakschaklinskj, als Aitmantink Kanikarrasow Tschinmanijew atemlos herbei eilte und traurig berichtete, das liebe Mütterchen von Boris Tschigeniew Tassmanikow, die Katinka Iwanawa, sei soeben vom alten Säufer Dschingis Kabblaniwillowitsch Wassisnjewski erschlagen worden."

Die Evolution ist eindeutig auf der Seite der Legastheniker und Analphabeten.

Der Tod von Marilyn Monroe

Als Marilyn Monroe am 5. August 1962 vor Thomas Noguchi lag, war sie wieder Norma Jean Baker und ihr gebrochenes Herz wog dreihundert Gramm. Noguchi notierte noch, dass sich die Organe in normaler Position und Beziehung zueinander befanden, denn er war der ärztliche Leichenbeschauer von Kalifornien.

Noch mehr als vierzig Jahre nach dem Tod von Marilyn Monroe wird im Internet diskutiert, wer ihr den tödlichen Cocktail von Schlaf- und Narkosemitteln verabreicht hat – John F. Kennedy, Robert Kennedy, die CIA, die Mafia, ihr behandelnder Arzt Dr. Hyman Engelberg oder ihr Psychiater Dr. Ralph Greenson. Selbstmord dagegen wird kategorisch ausgeschlossen.

Marilyn, das Kind einer drogensüchtigen Mutter, war bei Pflegeeltern und vor allem in Kinos aufgewachsen und wurde wirklich umgebracht. Allerdings von keinem der oben Genannten.

Motiv und Täter sind so offenkundig, so klar, dass man sie einfach übersehen musste.

Seit ihrer Rolle als Gangsterliebchen in dem Film „Asphaltdschungel" begann sie den amerikanischen Frauen ihre Männer wegzunehmen. Und spätestens seit ihrer berühmten Szene mit dem hochgewehten Rock auf einem Luftschacht stammelten die Männer beim Höhepunkt „Marilyn".

Das klassische Motiv ist offenbar: Tödliche Eifersucht.

Ich gestehe, auch ich habe mich in sie verliebt, obwohl ich erst vierzehn war und sie so alt wie mein Vater und schon zwei Jahre tot.

Marilyn Monroes Tod ist in Wirklichkeit ein Massenmord, begangen von der Masse der amerikanischen Frauen, höchstwahrscheinlich unterstützt von etlichen Millionen Europäerinnen.

Die Erschaffung des Menschen

Die einen glauben, dass Gott den Menschen ursprünglich aus Ton formte und er daher durch Abstammung nicht zu den Säugetieren, sondern zur Gewerkschaft „Ton – Steine – Erden" gehört.
Andere meinen dagegen, dass ein gewisser Charles Darwin den Menschen durch Genmanipulation aus einer nicht näher bezeichneten Affenrasse entwickelte.

Tiefsinnigere Zivilisationen, wie die der australischen Aboriginals, vermuten, dass der Mensch von einer Eidechsenmutter abstammt.

Nach neuesten wissenschaftlichen Erkenntnissen jedoch gibt es den Menschen überhaupt nicht. Er ist lediglich das Fantasieprodukt liebeskranker Philosophen und völlig durchgeknallter Rockmusiker.

Religion und Erlösung

Von den meisten Religionen ist nur sehr wenig bekannt, außer dass sie einen Anstifter haben und Bauwerke hinterlassen.

Jüngste ethnologische Forschungen belegen einen regional begrenzten Wirkungsgrad der Religionen, der jedoch kaum über unseren, doch sehr entlegenen und völlig unbedeutenden Seitenarm der Milchstraße hinausgeht.

Die von den einzelnen Religionen angebotenen Erlösungsformen sind äußerst unterschiedlich und reichen von der vollständigen Auflösung in einem zeitlosen Nichts bis zur dauerhaften Quartiernahme des Probanten in einem Paradies mit wolkenweichen Betten und dem Servieren von Manna oder wahlweise Milch und Honig.

Frauen werden weltreligionsmäßig eher selten erlöst.

Die Einführung der Nacht

Wer glaubt, die Nacht sei natürlichen Ursprungs, der irrt.

Vergessen Sie daher alles, was Sie über die Ursache der Nacht gehört oder gelesen haben!

Bis zum Jahre 1879 war die Nacht nämlich ein völlig unbekanntes Phänomen. Alle anders lautenden Überlieferungen sind nachträgliche Fälschungen, um die wahren Absichten des Nachteinführers zu verschleiern. Und das war Thomas Alva Edison.

Der erfand zwar alles mögliche, von der Schreibmaschine über den Phonographen bis zum Betonguss, aber seine wichtigste Erfindung war die Einführung der Nacht. Und die brauchte er auch unbedingt. Immerhin saß er im Jahr 1879 in Menlo Park auf Tausenden von nutzlosen Glühbirnen, die er auf Grund der immerwährenden Helligkeit in der Welt nicht los wurde und er stand deshalb kurz vor dem Ruin. So kam er auf die Idee, die Hälfte des Tages in Nacht zu tauchen, um seine Produkte verkaufen zu können.

Von Amerika aus verbreitete sich die neue Mode blitzartig um die ganze Welt. Einige Trittbrettfahrer sprangen auf den neuen Wirtschaftszug und eröffneten sofort Nachtclubs, andere boten Nacht-cremes, Nachthemden und Nachttöpfe an.

Die Edison Electric Light Company ver-klagte ab 1885 jeden, der elektrische Pro-dukte herstellte und vertrieb, die mit der Nacht in Zusammenhang standen.
Allerdings ohne den gewünschten Er-folg, sodass sich Edison 1890 gezwun-gen sah, den elektrischen Stuhl zu erfin-den und seine Widersacher zum Abend-essen einzuladen.

Der Minotaurus-Mythos

Die Überlieferung sagt, dass Theseus im unterirdischen Labyrinth von Knossos den Minotaurus erschlug und dann mit Hilfe des Fadens seiner Geliebten Ariadne an die Oberfläche zurückfand.

Man muss sich die beiden Kontrahenten nur einmal vergegenwärtigen:
Auf der einen Seite Minotaurus, Sohn des Zeus , ein Halbgott, ein riesenhaftes Wesen, halb Mensch, halb Stier.
Auf der anderen Seite Theseus, nichts als ein mickriger griechischer Held und deshalb naturgemäß mehr mit der Pflege seines exzellenten Äußeren beschäftigt, als mit der Exekution von Halbgöttern. Es wird einem schnell klar:
So kann es nicht gewesen sein!

In Wirklichkeit hat sich Theseus vor lauter Eitelkeit hoffnungslos in Ariadnes Faden verheddert und musste von einem kretischen Grubenhund gerettet werden.

Der Minotaurus nutzte die allgemeine Verwirrung, floh als blinder Passagier auf einem phönizischen Segelschiff und eröffnete auf der Iberischen Halbinsel eine Stierkampfarena.

Der Mondlandungs-Irrtum

Allein schon der Name des angeblichen Lunanauten Armstrong entlarvt die Lügengeschichte:

Wenn Armstrongs schwarz sind, spielen sie Trompete; sind sie weiß, fahren sie Rennrad bei der Tour de France.

In Wirklichkeit war die vorgebliche Mondlandung die Vorarbeit zu einem schon lange konzipierten Videoclip der Rockgruppe R.E.M. (Rapid Eye Movement) für ihren Song „Man on the Moon", der dann wegen Sabotage und Boykottmaßnahmen durch die NASA und die CIA erst viele Jahre später erscheinen konnte.

Allerdings entlarvt die Liedzeile „If you believed, they put a man on the moon" („Wenn du es geglaubt hast, haben sie einen Mann auf den Mond gebracht") die ganze Verschwörung.

De facto hat jedoch noch nie jemand den Mond betreten.

Höchstens Reinhold Messner, denn der war schon überall.

Das Paradies und der Apfel

Gemeinhin erzählt man sich, dass natürlich „Frau" die Schuld trägt, dass wir nicht mehr im Paradies leben.

Nun, „Mann" lastet „Frau" ja einiges an: Helenas Schönheit verursachte den Trojanischen Krieg, Kriemhilds Rache den Untergang der Nibelungen und meine Exehefrau den Verlust meiner Schallplattensammlung.

Aber das mit der Vertreibung aus dem Paradies kann man ihr wirklich nicht vorwerfen, der Eva.

Um die ganze Angelegenheit zu erhellen, muss man sich vergegenwärtigen, wie es damals im Garten Eden zuging. Adam und Eva gaben allen Tieren Namen und dann lag das Lamm beim Löwen, weil es beide nicht besser wussten. Dieser langweilige Zustand könnte bis heute anhalten, wenn nicht eine Ziege Bewegung in die Sache gebracht hätte. Genau: Eine Ziege, keineswegs eine Schlange!

Wie jeder Zoologe weiß, mögen Schlangen Äpfel überhaupt nicht. Im Gegensatz zu Ziegen.

Und so geschah es wirklich:

Eva präsentierte Adam gerade ihre Feigenblatt-Herbstkollektion und die stets gierige Paradies-Ziege nutzte diesen Moment und machte sich ganz artgerecht über die Äpfel am „Baum der Erkenntnis" her. Das führte dazu, dass die Ziege schlagartig zum intelligentesten Wesen des Universums wurde. Das zeigt sich allein schon darin, dass sie über ihre Erkenntnisse schweigt.

Gott aber zürnte auf das Heftigste und warf Adam und Eva eine Verletzung der Aufsichtspflicht vor und die beiden augenblicklich aus dem Paradies.

Das ist auch der Grund, warum man bis heute den Teufel mit einem Bocksgesicht und einem Ziegenhuf darstellt.

Elvis lebt!

Kein Mensch wurde nach seinem Tod so oft gesehen wie Elvis Presley.

Laut dem Film „Men in black" soll Elvis ja ein Außerirdischer sein, aber das ist absoluter Quatsch. Im Popgeschäft gibt es nur menschliche Giganten, Heroen, Pseudos, Möchtegerns und aufgeblasene Mundbeweger. Außer Michael Jackson, der stammt vom Planeten „Wega siebzehn Beta", genannt Neverland, und das sieht man ihm auch deutlich an.

Man könnte einwenden, Elvis' Weiterleben entspringt dem Wunschdenken der Fans. Die Wahrheit ist, dass es dem Wunschdenken von Elvis entspringt.
Denn Elvis' Geschäftssinn verhielt sich umgekehrt proportional zu seinem musikalischen Talent.
Sein Manager Colonel Parker zog ihn jahrelang über den Tisch, die Rechte für seine Lieder verkaufte er für fast nichts. Er tingelte durch die Lande, nur um sein

Anwesen Graceland unterhalten und seine Hamburger und Tabletten bezahlen zu können. Kein Wunder, dass er die Schnauze voll hatte und 1977 seinen Tod inszenierte. Das führte zum Verkauf von zweihundert Millionen Langspielplatten binnen Jahresfrist. Und das alles steuerfrei!

Heute ist Elvis mit Abstand der erfolgreichste Tote mit dem höchsten Einkommen.

Kein Wunder, dass Elvis lebt – und wie! Schlanker ist er geworden, sagt man, in einer versteckten Blockhütte bei „Dead Man's Farm" in Texas soll er wohnen oder in einer ausgebauten Höhle in Kentucky und an trüben Tagen legt er immer seine Schallplatte „Elvis is back" von 1960 auf.

Orte mit einer hohen Wahrscheinlichkeit Elvis zu treffen sind heutzutage besonders einsame Tankstellen, alle Arten von Schnellimbissen, vor allem in

der Nacht, und ländliche Schuhgeschäf-
te, die Cowboystiefel führen. Äußerst
gering sind dagegen die Chancen in
Musikgeschäften, bei Promi-Partys und
in Graceland.

Warum der Weltuntergang
noch nicht stattgefunden hat

Trotz vielfacher Ankündigung hat der Weltuntergang zweifelsfrei noch nicht stattgefunden. Ich sehe auch keine Anzeichen dafür, dass dieses finale Ereignis unmittelbar bevorsteht, obwohl mein Nachbar in letzter Zeit etwas depressiv erscheint, eine meiner Katzen an Appetitlosigkeit leidet und ich selbst ein Ziehen in meinen Operationsnarben verspüre.

Dass die Welt noch besteht, obwohl ihr Untergang bereits mehrfach auf dem Terminplan kompetenter Propheten vermerkt war, verdanken wir dem kleinen, aber überaus wichtigen „Orden der gebenedeiten Schwestern der geschwätzigen Barbara".
Wie jeder Heiligenkenner weiß, wurde die „geschwätzige Barbara" zwangsweise mit einem heidnischen Fürsten vermählt. Um ihre christliche Jungfernschaft zu erhalten, redete sie unermüd-

lich und quatschte in der Hochzeitsnacht und den darauffolgenden Tagen ihrem Gatten zuerst ein Ohr ab und dann auch noch seine Männlichkeit.

Die Folgen sind allgemein bekannt: Der Unhold ließ Barbara die Zunge herausschneiden, ihren gesegneten Leib pfählen und erhöhte sie so, ohne sein Wissen, in die Gemeinschaft der Heiligen.

Bald darauf gründeten einige Jungfern in den Tiefen des Böhmerwaldes ein Kloster und gelobten, nach den Regeln der Heiligen Barbara zu leben: Jungfräulichkeit und Geschwätzigkeit.

Die wenigen Menschen, die einer dieser Ordensschwestern begegnet sind, berichten, dass diese ständig scheinbar sinnlose Sätze von sich geben.

Doch was haben diese frommen Frauen mit dem Weltuntergang, besser seiner Verhinderung zu tun?

Ganz einfach:

Das Universum existiert auf Grund eines ständigen Hintergrundrauschens.

Dieses hat aber in den letzten Jahrhunderten dramatisch abgenommen, so dass bereits erste Instabilitäten in fernen Galaxien zu beobachten sind.

Das ständige Brabbeln von mindestens sieben Frauen aber erreicht genau die Frequenz und Feldstärke, mit der die notwendige Schwingung aufrecht erhalten wird, die das Universum zu seiner Existenz braucht.

Wenn Sie also jemals auf eine Frau treffen sollten, die unaufhörlich redet, unterbrechen Sie diese bitte auf gar keinen Fall! Sie könnten sonst das Universum und damit unser aller Leben gefährden.

Warum Sie der Werbung
trauen müssen

Gehören Sie zu denen, die glauben, die Werbung würde die Menschen nur manipulieren?

Vermuten Sie auch schon lange, dass in Werbespots geheime Botschaften versteckt sind? Sehen Sie in jedweder Reklame eine Attacke auf Ihren guten Geschmack? Ja? Dann brauchen Sie sich nicht mehr wundern, dass Sie griesgrämig und einsam sind und Ihr Kühlschrank ständig leer ist. Sie wollen es ja nicht anders!

Werden Sie doch einfach lockerer. Geben Sie sich der Versuchung hin. Schließlich hat Adam auch zugegriffen, als man ihm einen paradiesisch frischen Apfel anbot. Stellen Sie sich vor, er hätte, wie Sie, nein gesagt! Was wäre passiert? Nichts, absolut nichts! Wir alle säßen immer noch mangelhaft bekleidet und ohne Dach überm Kopf in Mesopotamien, ohne Fernseher, ohne Auto,

ohne Computer, ohne nix.
Also, verweigern Sie sich nicht mehr der Evolution des Homo sapiens. Sie müssen der Werbung trauen und vor allem, kaufen Sie!

Die Werbung ist die letzte Bastion der Menschheit, das einzig wirksame Bollwerk gegen die Achse des bösen Verzichts und die Mächte der finsteren Konsumlosigkeit. Es kommt auf Sie an!
Jeden Tag!

Sonst landen wir alle am Ende noch im Garten Eden und sortieren die Feigenblätter der neuesten Herbstkollektion.

Warum Shakespeare
„Romeo und Julia" schrieb

Seit Jahrhunderten rätseln Literatur-
wissenschaftler, was William Shakespeare veranlasst haben könnte, die
ebenso tragische wie durchgeknallte
Geschichte zweier italienischer Teen-
ager auf eine Londoner Theaterbühne
zu bringen. Nun ist es an der Zeit, dieses Geheimnis zu enthüllen!

Wir schreiben das Jahr 1591. Shakespeare hat es nach vielen ergiebigen
Vollräuschen, einigen, mit einer Bäue-
rin hastig gezeugten Kindern, erfolgrei-
chen Wilddiebereien, einem Spottge-
dicht auf den Jagdpächter und seiner folgenden heimlichen Flucht aus Stratford
noch nicht geschafft, in London Geld zu
verdienen.

Da suchte ihn ein Mann namens Malcolm McLean aus Paisley, Schottland,
auf, seines Zeichens ein ebenso erfolg-
loser wie fanatischer Balkonhersteller.

McLean war von der fixen Idee besessen, man brauche nur ein erfolgreiches Theaterstück, um auch in England erfolgreich Balkone verkaufen zu können. Als Shakespeare einwandte, dass die britischen Inseln schon rein wettertechnisch sehr balkonfeindlich seien, entgegnete der Schotte, dass eben genau darin die Herausforderung an Shakespeares Genie läge.

Nach einigen Tagen existierte zwar schon eine Balkonszene, wohlfeil ausgestattet mit einer Rose, einer Lerche und einer Nachtigall, jedoch noch lange kein Theaterstück. Wieder war es Malcolm McLean, der Shakespeare den Weg wies: „Bei uns in Schottland haben blutige Familienfehden eine große Tradition, gehören quasi zur Folklore. Lassen Sie doch einfach die beiden verfeindeten Familien angehören, der Rest schreibt sich dann von selbst."

Und so war es auch, die Feder flog über das Papier und das Stück kam 1592 auf die Bühne. Shakespeare verdiente endlich Geld, allerdings auch Neid und Spott in der renommierten Zeitschrift „Für einen Penny Wahrheit".

Ganz London sprach vom tragischen Tod des Liebespaars, keiner vom wunderschönen Balkon. Trotz des Erfolgs des Theaterstücks stagnierte der Absatz von Balkonen in England weiterhin bei Null.

Malcolm McLean wanderte daraufhin in das Land aus, in dem die Zitronen und das Balkongeschäft blühen, kehrte aber bald völlig enttäuscht in seine Heimatstadt zurück, verließ endgültig die dümpelnde Balkonbranche und erfand das Paisleymuster.

Die sprechenden und die zuhörenden Steine

Steine sind ja schwer in Mode.

Nein, ich meine damit nicht die praktischen Steine zum Häuslebauen oder die Wurfgeschosse in Berlin Kreuzberg.

In der Gunst des zahlenden Publikums stehen die Steine am Höchsten, die als Heilkraft oder Energiespender in jedem Esoterikladen angepriesen werden.

Ob für Trauerarbeit, Chakrensynchronisation oder gegen Zipperlein, Steine müssen heute für alles herhalten, eine Mode eben.

Mir geht es aber um die wirklich geheimnisvollen Steine. Ich habe entdeckt, dass es davon zwei Kategorien gibt:

Die sprechenden Steine und die zuhörenden Steine.

Eine Ausnahme bilden die Steine von Stonehenge, die im Kreis stehen und von denen jeder nur mit sich selbst redet und sich dabei nicht einmal zuhört.

Der normale sprechende Stein ist in jungen Jahren nur zum Murmeln fähig, mit zunehmendem Alter jedoch wird er beredt, was bis zur Geschwätzigkeit führen kann.

Die zuhörenden Steine zeichnen sich dadurch aus, dass sie stumm sind. Das ist sehr wichtig, denn nur so ist absolute Verschwiegenheit gewährleistet.

Die am häufigsten besuchten zuhörenden Steine der Welt sind die der Klagemauer in Jerusalem. In dem Drittel der Mauer, das für Frauen zugänglich ist, wird so oft und so laut geklagt, dass die Steine an dieser Stelle marode geworden sind und nun Einsturzgefahr besteht. Ein Stein ist eben auch nur begrenzt belastbar.

Die weit verbreitete Sitte, Zettel mit seinen Sorgen in die Ritzen zwischen den Steinen der Mauer zu stecken ist völlig unsinnig. Steine können zwar zuhören, aber keinesfalls lesen.

Sollten Sie sich demnächst wieder einmal einem Stein anvertrauen, stellen Sie bitte sicher, dass er nicht tratscht!

Schon mancher glaubte seine Geheimnisse gut aufgehoben und sah sich bitter enttäuscht, als dann ein Steinschlag diesen Stein ins Rollen brachte und er daraufhin gesteinigt wurde.

Die Entstehung des Politikers

Vor einigen Tagen wurde ich in einem Dorfgasthaus unfreiwillig Zeuge eines Gesprächs.

Jeder weiß, dass Politik und Stammtisch unmittelbar zusammengehören, wenn sie nicht gar einander bedingen. Und so hörte ich diesen Satz:

„Ich mag ja auch keine Politiker, aber wir brauchen sie eben."

Schlagartig verstummten alle Gespräche im Gasthaus, selbst der Wirt erstarrte beim Gläserpolieren in seiner Bewegung und erbleichte.

Das allgemeine Schweigen trug eine knisternde Aggression in sich, die sich nach bangen Sekunden in einem einzigen Wort entlud: „Wozu?"

Es gelang mir, dem anschließenden Tumult einigermaßen unverletzt zu entkommen. Doch als ich dem kleinen Dorf den Rücken gekehrt hatte, quälte mich die Frage „wozu" weiter.

Und zu dieser gesellte sich eine zweite: „Warum"?

In einem friedlicheren Dorf in einer schlichten Pension bettete ich mein müdes Haupt zur Ruhe, fand diese jedoch lange nicht. Als ich nach vielen mitgezählten Glockenschlägen endlich einschlief, begann ich sofort zu träumen.

Unversehens befand ich mich im alten Athen. Vor den Stufen zu irgendeinem Tempel standen zwei alte Griechen in ihren bekannten Gewändern und sie schienen sich zu zanken. Mein Schlaf-Ich näherte sich auf Hörweite.

„Natürlich ist mir die Polis wichtig, Stavros, aber ich habe wirklich keine Zeit."
„Du bist heute schon der achte, der mir absagt, Perikles. So kann es doch nicht weitergehen!"
„So ist es aber, mein lieber Stavros. Jeder anständige Athener ist beschäftigt – einer philosophiert und ein anderer ist Profisportler, einer erfindet die Mathematik und ein anderer macht Olivenöl oder Gyros."

„Und wer, mein lieber Perikles, soll sich um die Polis kümmern?"

„Lass uns doch die nehmen, Stavros, die für die Philosophie und die Mathematik zu dumm, für den Sport zu schwach und für praktische Arbeiten zu ungeschickt sind."

Und so verriet mir mein Traum, wie die alten Griechen den Politiker erschufen und irgendwie haben sie es geschafft, seine genetische Konditionierung bis heute zu erhalten.

Die Schöpfungslegende

Es gibt viele, sich heftig widersprechende Berichte über die Erschaffung der Welt. Während für Juden, Christen und Muslime die Sache nach sechs Tagen erledigt war, und seither im Prinzip nichts mehr passiert ist, glauben andere, dass es nur eine Millisekunde gedauert hat und dass erst seitdem etwas passiert.

Realistischer ist hier schon der Mythos der Haida-Indianer, nach dem der erste Diener des Gottes Sha-Lana, der Rabe Raven, eines Tages ins Meer gestürzt war, zu ertrinken drohte und in Panik so lange mit seinen Flügeln schlug, bis Felsen wuchsen.

Der Wahrheit am nächsten kommt jedoch eine dritte Gruppe die der Ansicht ist, dass die Schöpfung gar nicht stattgefunden hat und sich alles noch im Kopf eines überaus zögerlichen Gottes abspielt, der mit seinem Konzept nicht klarkommt.

Das Rätsel der Pyramide

Über kein anderes Bauwerk auf der Erde wird so viel gerätselt wie über die große Pyramide von Giseh. Angeblich als Grabmal für den Pharao Cheops, der eigentlich Chufu hieß, erbaut, beflügelt sie die Fantasie der Menschen seit Jahrhunderten.

Dabei gehen die Meinungen über die wahre Bedeutung der Pyramide weit auseinander. Die Bibel schreibt, sie wäre der Kornspeicher des Joseph für die sieben mageren Jahre. Ein englischer Lord dagegen errechnete, dass die Kantenlänge der Pyramide multipliziert mit dem Volumen einer roten Telefonzelle in der dritten Potenz genau die Entfernung der Erde von der Sonne ergibt.

Moderne Esoteriker glauben, die Pyramide wäre eine gigantische Frischhaltebox, wenn man nur ihre Spitze wieder mit Kupfer verkleiden würde.
Und in der Fernsehserie „Stargate" sind

Pyramiden nichts anderes als Andock-
stationen für die gigantischen Raum-
schiffe der furchtbar bösen außerirdi-
schen Goa'uld, die sich als ägyptische
Götter ausgeben.

Mit Sicherheit wissen wir, dass der Sar-
kophag in der so genannten „Königs-
kammer" nie als Grablege diente. Keine Spuren von nichts!
Was wollte der große alte Pharao nun
wirklich mit seiner Pyramide?

Wenn man die Form einer Pyramide mit
einem Element der Wandverkleidung
eines schalltoten Raumes vergleicht,
entdeckt man eine wirklich verblüffen-
de Ähnlichkeit .

Man kann mit hoher Wahrscheinlichkeit
davon ausgehen, dass sich Cheops-
Chufu einfach immer wieder vom Lärm
der Welt zurückziehen wollte, um sich
ganz der Ruhe hinzugeben.
Dazu ging er in seine Pyramide, legte
sich in den bequem ausgepolsterten Sar-

kophag und genoss das Alleinsein. Keine Tagespolitik, keine Bittsteller, kein schnatternder Hofstaat, keine nölenden Priester, kein keifender Harem, nur Stille, nichts als Stille.

Die Botschaft der großen Pyramide an die Nachwelt: Schweigt!

Der Untergang der Titanic

Man glaubt, alles, aber auch wirklich alles über den Untergang der Titanic zu wissen.

Manche glauben sogar, Leonardo DiCaprio wäre persönlich an Bord gewesen.

Nun enthüllen kürzlich gefundene Dokumente, dass alles ein großer Irrtum ist, ein sprachlicher Irrtum.

In der Nacht des 14. April 1912 dümpelte der isländische Fischer und Teilzeitdompteur Snorri Storluson mit seinem Kutter Ragnarök* südlich von Cape Race und begegnete einem hellerleuchteten Dampfer, der bunte Feuerwerksraketen abschoss und von dessen Deck laute Musik herüber drang. Snorri hatte wegen der Kälte schon etliche Stunden gegrogt, wie er es nannte, und zwar

*) „Ragnarök" ist die Götterdämmerung in der nordischen Sagensammlung „Edda", die ein gewisser Snorri Storluson im 13. Jahrhundert aufgeschrieben hat.

im Verhältnis ein Teil Wasser, zehn Teile Rum. Sofort morste er das Schiff an und fragte, warum sie dort drüben so einen Krach machten.

Die Antwort kam prompt:
„Hier Titanic, haben Fest an Bord".
Der benebelte Fischer hörte bei den Morsezeichen aber statt eines „F" - „kurz kurz lang kurz" [. . - .] ein „kurz lang lang kurz" [. - - .] also ein „P":
„Pest an Bord!"
Snorri geriet in Panik. Über zweitausend Pestkranke mit Kurs auf New York! Das musste er verhindern! Er musste die Zivilisation retten!

Glücklicher Weise hatte er sieben seiner dressierten Eisbären an Bord. Sofort eilte er zu den Käfigen, band jedem ein Päckchen Dynamit um, das er sonst zum Fischen einsetzte, und schickte seine Bären zur Titanic.

Zwanzig Minuten später teilte der Funker des Luxusliners dem Äther und damit der Welt mit: „Titanic von Eisbär gerammt".

In allen Stationen, die diesen Funkspruch auffingen, glaubte man an einen Morsefehler angesichts des Todes und gab die bis heute verbreitete Falschmeldung weiter, die Titanic sei von einem Eisberg gerammt worden.

Snorri Storluson beobachtete, schweigsam seinen Grog schlürfend, den notwendigen Untergang und nahm, seiner sieben tapferen Eisbären gedenkend, Kurs auf Island.

Die Erfindung des Happy Ends

Nein, es waren nicht die Filmstudios von Hollywood , die das Happy End erfunden haben. Dieses entstand viel früher, und zwar an einem kalten Novembertag 1812.

Zwei entlaufene Mönche aus dem bayerischen Unterland waren der biblischen Strafen, wie Sintflut, Hiob und Apokalypse überdrüssig und dachten sich in einem Akt verzweifelter Notwehr das Happy End aus.

Da mit ihnen auch die siebzehnjährige Küchenhilfe geflohen war, kam zur gleichen Zeit der Brauch des innigen Küssens als Ausdruck eines glücklichen Endes auf.

Allerdings wurden die beiden Mönche im Bayerischen Wald entdeckt, als sie sich bei einem vegetarischen Wolfsrudel verstecken wollten. Man ergriff sie und verurteilte sie zu zwanzig Jahren Bierbrauen im Kloster Weihenstephan, wo sie in ihrer Trauer das dunkle Bier erfanden.

Die Küchenhilfe versuchte vergeblich, den zuständigen Abt auf Alimentenzahlung zu verklagen, was ihr aber in Ermangelung einer Rechtsschutzversicherung misslang.

Heute steht das Happy End weitgehend zur freien Verfügung, wird aber im täglichen Leben kaum angewandt.

Gerd Scherm

wurde 1950 in Fürth geboren, lebt seit 1996 mit seiner Frau Friederike Gollwitzer und vielen Katzen in einem alten Fachwerkgehöft in Binzwangen im Naturpark Frankenhöhe.

Scherm ist Schriftsteller, Künstler, Ausstellungsorganisator und Kommunikations-Designer.

Von Anfang der 70er bis Anfang der 80er Jahre war Scherm u.a. als Kreativdirektor für Rosenthal tätig und wirkte als Projekt-Assistent des Zero-Künstlers Prof. Otto Piene (M.I.T., Cambridge, Mass., USA) für verschiedene Umweltkunst-Projekte.

Er organisierte u.a. die Selber Literaturtage und die Rosenthal Künstlertage auf der Mathildenhöhe in Darmstadt.

Seit vielen Jahren forscht Gerd Scherm intensiv auf den Gebieten Mythologie, Mythenbildung, Symbolik und Ritualistik und ist Gastdozent für Kultursoziologie an der Freien Universität Berlin.

Auszeichnungen:

1972 Kulturförderpreis der Stadt Fürth
1974 Stipendium des Auswärtigen Amts,
Aufenthalt in Italien
1977 Rosenthal Grenzland-Lyrik-Preis
1991 Essaypreis der Fürther Freimaurerloge
1995 Wolfram-von-Eschenbach-Förderpreis
1995 Stipendium des Auswärtigen Amts,
Aufenthalt in Schottland
1998 Ehrensenator des Deutschen Freimaurer
Museums Bayreuth
1998 Matthias-Claudius-Medaille, Berlin
2001 Paulskirchen-Medaille
2004 BoD AutorenAward für den Roman „Der
Nomadengott" auf der Leipziger Buchmesse

Mitgliedschaften:

Verband deutscher Schriftsteller (VS), IG Medien
Neue Gesellschaft für Literatur, Erlangen
International Masonic Poetry Society, Birmingham,
England
Foundation for Shamanic Studies, Mill Valley, USA
Pegasus - freimaurerischer Verein für Kunst, Kultur
und Kommunikation

Werke in öffentlichen Sammlungen:

Städtische Sammlungen Fürth
Sammlungen des Bezirks Mittelfranken
Von der Heydt-Museum, Wuppertal
Germanisches Nationalmuseum, Nürnberg
Otmar Alt-Stiftung, Hamm
Deutsches Freimaurer Museum, Bayreuth
Österreichische Staatsbibliothek, Wien
Karl Ernst Osthaus-Museum, Hagen
Mittelalterliches Kriminalmuseum, Rothenburg o.d.T.

Gerd Scherm

Veröffentlichungen (Auswahl):

„112 überlegungen in verschiedenen räumen",
Prosa, edition pege, Fürth 1970
„Spiegeleien", Maro Verlag, Gersthofen 1971
„Der Clan", Theaterstück, edition pege, Fürth
1972, uraufgeführt von der Studio Bühne Fürth,
Regie Rainer Lindau, April 1972
„Militante Literatur", Hrsg., Gauke Verlag, Min-
den 1973
"Zeichen", Poesie, Vorwort, Prof. Eugen
Gomringer, edition pege, Selb 1975
„CAToons", Cartoons, Verlag Lothar Berthold,
Fürth 1983
„Auf der anderen Seite der Nacht",
Lyrik, Verlag Lothar Berthold, Fürth 1987
„WortRäume", Lyrik, Vorwort Dr. Uwe Rüth,
Museum Glaskasten, Marl 1987
„Die poetische Kabbala", Lyrik, edition
nunatak, Fürth 1992
„Indian Summer. Die Seele der Dinge", Prosa &
mixed media, edition nunatak, Fürth 1992
„Kunst und Buch", mixed media, Vorwort Dr. H.
Richter, Kulturgut, Fürth 1994
„Zwischen den Zeiten", Lyrik, Freipresse,
Bludenz (Österreich) 1994
„Schamanenreise", Lyrik, Freipresse, Bludenz
1995
„Vision Quest", Lyrik & Stempelzeichen, Frei-
presse, Bludenz 1995
„Astarte und Venus", fotolyrische Annäherung,

Lyrik und Fotos, Vorwort Dr. Reinhard Knodt, B. Tast Verlag, Schellerten 1996, Übersetzungen ins Englische und Italienische

„Sohn der Witwe", Lyrik, Nachwort Wilhelm Schramm, Freipresse, Bludenz 1996

„Die Karpfenburg", Erzählungen, Vorw. Barbara Ohm, Städtebilder Verlag Fürth 1997

„Schrödingers Katze", Lyrik, Freipresse, Bludenz 1997

„Der Weg zum Licht", Lyrik, mit Bildern von Josef Obornik, Verlag Die Bauhütte, Bonn 1997

„Wolfram", Lyrik und ein Essay, Freipresse, Bludenz 1997

„Le Roi Bérenger", Lyrikzyklus zur gleichnamigen Oper von Heinrich Sutermeister nach „Der König stirbt" von Eugene Ionescu, Südostbayerisches Städtetheater, Passau 1998

„Friederike", vier Texte und (k)ein Märchen, Freipresse, Bludenz 1998

„Otmars Welt", Texte Gerd Scherm, Bilder Otmar Alt, Hamm 1998

„Der andere Ort", Lyrik, Freipresse, Bludenz 2000

„Hoffen kostet nichts", Erzählungen, Kontor für Kunst & Literatur, Colmberg 2002

„Die Kreise der Hexe Antra", Lyrik, Freipresse, Bludenz 2002

„Ich, Medea", Lyrik, Freipresse, Bludenz 2002

„Der Nomadengott", Roman, Kontor für Kunst & Literatur, Colmberg 2003

„Schamanenkind", Roman, Spirit Rainbow Verlag, Aachen, 2004

„Erdwächter", Lyrik, Freipresse, Bludenz, 2005

Gerd Scherm

Hoffen kostet nichts

„Es macht Spaß, dieses Buch zu lesen. Nicht nur
weil es schöne Geschichten sind, sondern vor allem, weil Gerd Scherm mit Humor und Augen-
zwinkern erzählt."
Bayerischer Rundfunk

„Gerd Scherm ist ein scharfsinniger, humorvoller
und engagierter Beobachter. Mit einer Vorliebe für
das Originelle und Skurrile unterhält er zudem
hervorragend."
Fürther Nachrichten

Format 21 x 15 cm, Paperback, 15,00 Euro
ISBN 3-8311-4478-8
Bezug über:
Kontor für Kunst & Literatur

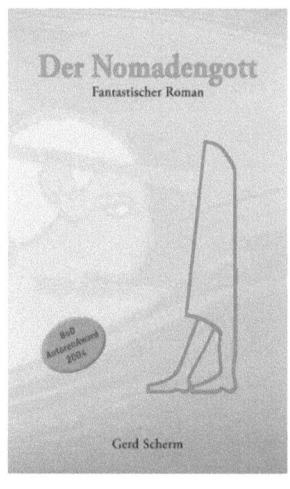

Ausgezeichnet
mit dem

und
nominiert für den
**Phantastikpreis der
Stadt Wetzlar**

Gerd Scherm

Der Nomadengott

„Prädikat: Ägyptische Geschichte und Gottheiten
einmal ganz anders - nicht nur für Historiker eine
wahre Freude!"
TwilightMag - das Magazin für alles Phantastische

„Der Nomadengott ist ein flott geschriebener, überaus witziger Roman, der Lesevergnügen mit er-
staunlichen Einsichten verbindet."
SPACE VIEW - das Sci-Fi Magazin

Format 19 x 12 cm, Paperback, 18,00 Euro
ISBN 3-8330-0568-8
Bezug über:
Kontor für Kunst & Literatur
91598 Colmberg, Binzwangen 12
kontor@scherm.de